JN437846

나뭇잎 발자국

나뭇잎 발자국

김종윤 시집

문학의전당

自序

한 뼘 물속에서
수초를 갈아먹는 다슬기처럼
내가 언어를 갈아 상처를 내고
그 언어의 길들이
나를 가두고 있다는 생각……

| 차례 |

1부

2부

3부

1부

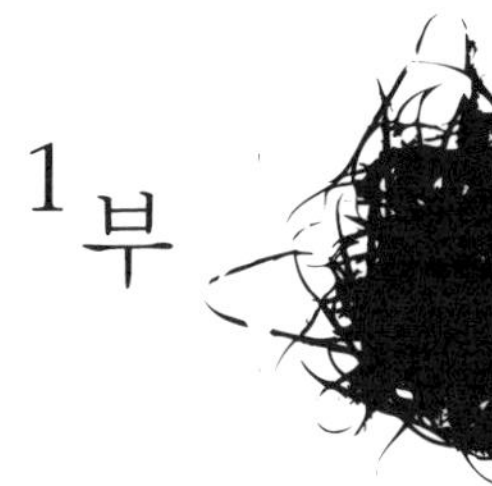

맛있는 국화

오늘 아침 기온이 영하 십팔도
돌계단 위의 국화들 싱싱하다
젖가슴에 처음인 듯
감싸 잡은 손 안에서

바스락!

부서지는 꽃잎들
햇살의 얼굴이며 향기의 궁전이었던
얼음집 문살 터지는 소리

바스락,

맛있게 부서신 꽃살문의 상처를 열고
톡! 톡!
헤엄쳐 나오는 국화 향기들
시린 손끝에서 정수리까지
맛있게 속삭이는 바스락 바스락

그리운 향고래

거름지게를 지고 들에 나간 날은
바람이 불고 흙먼지가 일었다
한때는 예닐곱 농가가 살던 곳
묵은 묘지를 지난 꽃바람이
낡은 길섶을 쓸며 계곡으로 내린다
흙 살 깊은 문중 밭에
도라지 씨앗을 뿌리고
흙 치장으로 들어서는 집이 편하다
왼쪽 다리가 부러진 아버지와
뇌수술 후유증으로 세상 근심이
절반쯤 가벼워진 어머니 셋이서
콩나물에 보리밥을 비비는 저녁
텔레비전이 향고래를 내놓는다
향고래가 돌아왔단다
80년 만이란다
그랬구나
고래는 아주 떠난 것이 아니었구나
대문 열어놓고 옆 마을에 마실가듯이
태평양으로 소풍을 갔었구나
역마길에서 인연이 다면 자식을 낳고

또 그리우면 언제나처럼 돌아왔구나
사는 것이 곧 여행이라는
우리 변명은 얼마나 궁색한가

남해 바다 속 향고래가 그립다

나뭇잎 발자국

나뭇잎이 다녀간 가지마다
조그만 발자국이 선명하다
무심히 입었다가 벗은
나무의 옷이려니 생각했는데
아니다, 갈잎 한 잎마다
또렷한 족적을 남겼다

생명이 다녀간 자리에는
늘 자국이 남는다
나뭇잎이 떠난 빈 가지
그 방에 들어 지등을 밝히면,
봄 살림을 차리는 나무는
물 한 섬으로 이미 충만하다

이곳에서라면,
나도 맑게 살 수 있겠다
또 무심히 떠날 수 있겠다
햇살과 흙으로 빚은
발자국 하나 남길 수 있겠다

발자국은 앞서 간 사람의 선물이다
뒤에 오는 당신은
앞서 간 사람의 발자국을 따라 들어와
댓돌을 쓸고 식솔을 늘일 것이다
문득, 낯 모르는 당신의 생이 궁금하다

불편한 곡선

속리산 천왕봉에서 내려오다 보았다
거진 다 누워있는 거대한 소나무 한 몸뚱이
그의 몸은 뱃고동처럼 길고
살았던 날들의 궤적을 간직하고 있었다
바람은 벌써 그의 사인死因이
출혈 경쟁이라고 단언했다
소나무는 죽으면서 휘어졌다
휘어져 아카시아 나무 가지에 온몸을 던졌다
물고기를 낚은 낚싯대처럼 몸의 곡선이 팽팽하다

불편한 저 곡선을 본 적이 있다
지리산 화엄사 대웅전 네 모퉁이
팔짝 지붕의 처마를 들고 있는 보조기둥이 그랬다
대웅전은 서서히 늙으면서
제 몸을 보조기둥에 넘기고
기둥은 또 불편하게 휘어지면서 견디고 있었다

죽은 소나무의 몸 아래를 지나 내려왔다
햇살도 그의 몸을 지나 반 마장쯤 내려오고 있다
소나무의 곡선은 질겨서

내 남은 생명만큼은 충분히 휘어질 것이다
먼 곳으로 살을 보내기 직전의 활처럼
수축기의 근력으로 건乾과 곤坤을 이을 것이다
그의 그늘 아래에서 새로 자란
층층나무는 벌써 5층 탑을 올리고 있다

백로가 찾는 길

백로 한 마리가
성긴 빗방울을 툭툭 쳐올리며
강을 따라 비스듬히 날아간다
여러 날 계속된 장마로
페로몬의 흔적이 거의 지워진
허공에서 그의 길을 찾고 있다

길을 찾기란 여간 어려운 게 아니다

하늘 높이 날개를 칠수록
한 줄기 이랑 같은 강은 멀고
내려올수록 이미 누군가 들어선 길뿐이다
닿지 못한 길은 늘 언덕을 넘고
가고 싶은 길은 안개 속이다
발길보다 먼저 가 닿는 생각은
부서지는 빗방울처럼
방울방울 터지고 백로는 난다
수만 갈래의 날실을 결속하는
한 가닥 씨실 같은 금강 끝은 아직 멀다

상처가 길이 된다

상처가 길이 된다

사랑을 한다는 것은

상처와 상처가 만나는 것,

우리는 모두

길 위에 있다

단단하고 치밀한

속리산 문장대에서 천왕봉까지
해발 천 미터 지평선에 드니
얼어붙은 파도의 정상이다
햇살과 그늘의 경계를 따라
햇눈 위에 상처 깊은 길을 내는데
막아서는 나무마다 제 이름을 달고 있다
박달나무 둥치에 덧붙인 설명서

박달나무.
–단단하고 치밀함–

박달나무는 왜 찰나의 틈도 없이
제 몸과 생각을 단단하게 여몄을까
그 옆에서 살림을 차린
물푸레나무 다릅나무 굴참나무까지
왜 단단하고 차지게 살아왔을까
정상엔 모두 이런 것들뿐인가

정상에 선 사람들의 부드러운 눈빛을
나는 보았던가

그들의 부드러운 음성,
따스한 손을 마주 잡았던가

이마를 치는 칼바람에 몸을 낮추고도
단단하고 치밀하게 그물을 짠
조릿대가 모여 사는 정상을 지난다
겨우 칼날 길 한 토막
어렵게 내어주는

꽃상여

나팔꽃이 환하다

울타리장미 줄기를 거머쥔
작은 손들이 일제히 꽃살문을 활짝 열었다
열두 상두꾼이 멘 꽃상여다

매일 이 길을 걷던
담 넘어 꼽추 할매
꽃상여를 타고 산으로 갔다

나는 요즘 꽃상여가 잘 차려진
이 고샅을 지나 밥벌이에 나선다

가는 길이 오는 길이고
오는 길이 또 가는 길이다

항문 조이기

주목나무 그늘에서
줄기를 올리던 백합은
못내 햇살이 그리웠던 것이다
비스듬히 허리를 꺾더니
햇살이 머리에 닿자 서둘러
풋 땅콩 같은 꽃망울을 두 개나 달았다
머리가 무거워진 백합은
엉거주춤!
뿌리의 괄약근을 꽉 조였다

버리는 게 편하면
만사가 편타

백합 같은 누님
암으로 항문에서
대장을 싹둑 떼어내고도
꽃을 피우고
열매를 키우기 위해
항문을 조인다
그녀의 삶도 햇살 아래 괄약근에 있다

신발을 잃다

흰나비 한 마리

벚나무 위로 날아올랐다

하늘을 올려본 순간

내 나비 어디로 갔나

수만 마리의 군무 속에서

나는 흰 고무신 한 짝을 잃고

한참을 울었다

정암리 사람들

그들은 안개를 먹고 산다
새벽마다 강변에서 금강의 안개를 거두어
비닐을 치고 집을 짓는다
안개 속에서 붉은 딸기를 낳고
강처럼 푸른 수박을 키운다

강과 사람이 하나이던 시절부터
탁류의 지금까지
해토머리에 모래 땅 일궈 이랑을 만들고
밭마다 대나무 솟대를 세운다

  강은 강 길로
  돌개바람은 바람 길로
  오신 듯 가소서

정암리 사람들은
농사가 땅에 있지 않고 하늘에 있음을 안다
한 해 농사를 짓기 위해
하늘에 먼저 항복의 깃발을 올린다
거품처럼 하얀 백기를 올린다

빈들에서

아이가 운다

논과 물길 사이 낮게 앉은 외딴집,
그곳에서 들려오는 울음을 받고
추수를 마친 논과 밭들이
다시 풍성하게 차오른다

아이의 울음소리는 참 간절하다

나는 지금 빈들에 나와
아이의 울음소리를 듣고 있다
어린 생명이 만드는 울타리 안에서
늙은 고라니처럼 편하게 눕는다

울음은
사람이 가꾸는 가장 아름다운 꽃밭이다

아이가 한 마디의 울음을 던질 때마다
어둠이 밀리고 구절초가 벙근다
우리가 다 한 가마의 눈물을 가진 것은

세상에 위로 받을 사람이 많은 까닭이다

왕버드나무

왕버드나무인데
지난겨울 폭설로 땅 위에 누웠다
아주 죽었는지 미동도 않더니
명지바람이 잔가지 간질이자
누운대로 기운대로
부산하게 몸을 열고
실눈 뜬 강아지들을 내보냈다
잔털이 보송보송한 고것들 참,
복스럽게 짖어대는 성화에
조팝꽃이 서둘러 꽃심지를 올렸다
온 계곡이 환하다

한 그루의 나무가
망설이지 않고 땅 위에 누웠다
위로 향하던 고집을 부러트리고
주저앉는 용기를 가졌다
그래서 왕버드나무다
누구나 수직에서 수평으로의
삶의 궤적을 갖는 것은 아니다

무너질 줄 아는 당신의 상처가 아름답다

수박 속으로

아이를 밴 젊은 여인이
수박 한 통을 들고 간다

한낮 기온은 절정으로 부풀고
젊은 여인은 더위 속으로 들어간다

수박의 검은색과 나뭇잎색의 틈,
그 좁은 문을 열고 내가 들어선다

우물이 있고
아직 어린 나는 적신의 맨발이다

여물을 써는 아버지 곁에서
반달만 한 수박을 안고 있다

우물이 있고
두레박 떨어지는 소리가 깊게 울렸다

전화가 두 번 울렸다

핸드폰이 두 번, 짧게 울렸다
그는 언제나 전화벨을 두 번 울리고 끊는다
연락은 그가 하지만 통화는 나의 몫이다
그는 열아홉에 중학교를 졸업하고
금산의 고아원을 나왔다
그의 첫 직업은 다리가 없는 남자의
두 다리가 되는 것,
처음 부산으로 떠난 후
부러진 초처럼 무수히 버려진
길 위에서의 스물아홉,
버려질 때마다 다시 돌아와
복사지를 절단하고
폐지를 분류하면서 용케 십 년의 강을 건넜다
이제는 제법 짠 맛도 본 부산시민이란다
흰 장갑에 붉은 고무를 입히는 여자에게
장가를 간단다
결혼식이 삼월이란다
소소리바람 속에서 능소화 핀
봄소식을 듣는다
벌써 이월이다

젊은 엄마의 고향은 베트남이었다

빗방울이 성큼 건너뛰는
모래 운동장
거기, 소년이 두 팔을 벌리고
마치 이륙이라도 하려는 듯

소년의 목소리는 높고
얼굴은 저녁 그림자를 닮았다
외딴집 마당가에 핀
자주달개비를 닮았다

소년의 아버지는 화물차를 몰고
도시로 데모를 떠났다
마디가 메진 화물차는
가벼워서 슬퍼 보였다

소년이 뛴다
빈 집을 나와 고라니처럼 뛴다
소년의 목소리는 높아서
어두워진 숲이 빵처럼 부풀었다

소년의 집은 비었고
젊은 엄마의 고향은 베트남이었다

상처

가끔, 한 번씩

손등으로 툭! 툭!

더께나 털어내는

묵은 자리가 하나 있는데

삼월 중순의 명지바람이

마른 고샅을 지나며

눈웃음을 던지는 날이면,

유난히 라일락이

꽃심지를 불끈 올리는 날이면

다시 꽃 피울 수 있다고

붉은 유두 같은 상처를 돋우는

나무 마른자리

가끔은 젖어서 검은 눈물도 찍어내는

땅제비

다섯 형제 중 한쪽 날개가 짧았던
그 제비는 키 낮은 빨랫줄 위에도
똑바로 앉지 못하고 거꾸로 매달려
고개만 쳐든다
거꾸로 보는 하늘은 얼마나 깊은 수렁이었을까
어느 날부터인가는
아주 날개를 접고 땅으로 내려왔다
이른 새벽 두 발로 널마루에 기어올라
어미가 물어다주는 벌레로 허기를 채우고
둘째 딸애의 하얀 실내화 속에서
물똥을 싸고 낮잠을 잔다

호박꽃이 피었다가 지고
나머지 형제들 날개에 힘 돋아
처마 밑 흙집을 떠나는 날,
천수만 갯바람이 아귀짓는
긴긴 밤에 땅제비 어디로 갔나
낡은 화장실 문 틈
딱새가 살고 버린 블록 담 틈
아이들 장난감 속 신발장 속

어디, 어디에도 없구나
뒷담 감나무 밑에는 들고양이
화장실 밖에는 유혈목이
붉은 눈 시퍼런 눈 검은 눈
서늘서늘한데
한쪽 날개가 유난히 짧았던 땅제비,
우리 가족을 끌고 어디로 가고 있나

바닥의 힘

요즘 참,

내동댕이쳐진 인생이다

마디가 자꾸 꺾일 때마다

바닥에 머무는 시간이 길어졌다

맨 땅에 누워

하늘을 본다

바닥이 온몸으로 나를 밀어 올리고 있다

나팔꽃이 있는 아침

소죽솥에 잔불 지피는 나를
돌담 이엉에 쪼그려 앉아

한나절 쳐다보던
붉은 통치마 가시내

아침부터 햇살이 욱대기는
붉은 블록 담 위에 앉아

그만 돌아가잔다
먹딸기가 익었단다

자꾸만,
자꾸만 나를 허공으로 끌어쌓는나

푸른 대문 건너
돌담 있는 듯 이엉 있는 듯
맨 하늘 속으로 손을 넣는다

젖무덤

남향 벽돌 담 아래

뜨거웠던 하늘나리 꽃밭 터

까만 유두 같은 작은 주아珠芽들

맨살 내놓고 한겨울 강을 건너고 있네

새봄에 쓸 부엽토 한 줌씩

봉긋이 올려주었네

흙 한 줌으로 넉넉한 젖무덤들이네

군무群舞

가창오리 떼가 날아올랐다

흩어졌다

모였다

난바다의 멸치 떼를 이끄는

파수꾼의 깃발이다

나도

저 불밭 속으로 날개를 편다

신작로

논산 부여 간 도로 확장이 매조지면서
금강줄기 굽도는 낮은 언덕 너머로
신작로가 생겼다
붉은 길의 상처가 환하게 언덕을 넘었다
잔물결에 출렁이는 목선처럼
흔들리며 신작로에 들어선다
거기, 보자기만 한 잔설이 흩어진 강가에
성긴 장발을 풀어 헤친 채
오래 고민 중인 느티나무가 있다
허리가 굽은 외딴집이 있다
고춧대 쓸쓸한 묵정밭이 있다
집 주인은 녹슨 대문을 열고 나가
집을 아주 잊었나 보다
부서진 경운기와 낡은 타이어
빨랫줄에 걸린 파란 비옷,
이 낡고 오랜 풍경을 위하여
길은 상처투성이로 달려왔던가
화들짝 놀라 달려와야 할 기억은 무엇인가
가지 못한 길,
언덕 너머에 대한 그리움은

강의 뿌리처럼 질기고
일상은 신작로처럼 늘 흔들리고

그리운 찡짱 열차

빈 방 하나 만들며
평생을 살았네

양식을 들이고 여자를 들이고
더듬이로 꼭꼭 찍어보는 닫힌 벽면들

세상에는 일만장철의 열차가 있어
쓰러져야 닿을 수 있는 곳이 있다네

나는 방 하나 만들고
그 안에 숨어

하늘지붕을 달리는 열차 꿈을 꾸네
그만 쓰러져도 좋겠다는 생각을 하네

2부

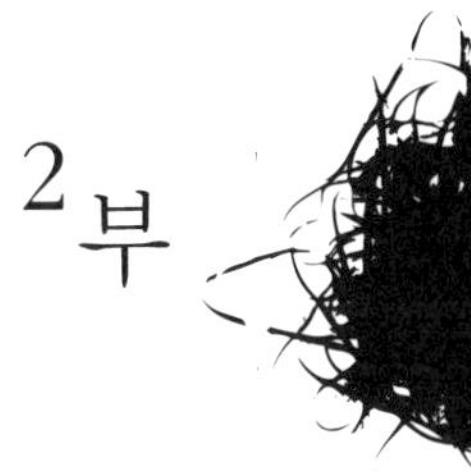

배가 부른 달

오늘 밤 달이 더 배부르다
어제는 배꼽께가 허전하더니
오늘은 냉수 한 사발 더 마셨는지
가슴부터 거웃까지 둥글다

배가 부른 달은
머리와 팔 다리를 감추고
배만 내어 놓았다
배부른 것이 가장 행복하던 때가 있었다

달과 나는 서로 얼굴을 튼 지 오래지만
달은 그의 길로
나는 나의 길로 서로 비껴 살았다
닮으려고 애쓴 적 없다

그런데 오늘 밤 보니 서로 닮았다
달도 배가 부르고
나도 냉수 한 사발 더 마셨다
달과 나
우리라는 말이 행복하다

그네

초등학생들 떠난 운동장
그네마다
교복 입은 녀석들이
둘씩 셋씩 매달렸다
버거운 그네는
오랫동안 숨겼던 비명을 토해놓는다

봄날, 늦은 오후
꽃바람이 불고
그네는 철없는 아이들을 업고
삐걱 삐걱 앞산을 오른다
오르다 매번 미끄러진다

이 층 창문 너머에서
위태한 풍경을 본다
위태할수록 묘한 매력이 있다

오목눈이 살림에 차고 넘치는
새끼 뻐꾸기의 식탐처럼
우리는 늘

흔들리는 것에 기대어 희망을 본다

아내의 가위

아내가 가위를 열었다
비단보 위의
닫힌 가위가 서늘하다

그녀는 능숙한 손놀림으로
씨실과 날실을 가르며
천을 마름질을 한다

나는 그녀와 스물두 해를 살았다

나는 늘 가위 날을
날카롭게 갈고
그 예각의 힘으로 재단을 즐겼다

아내는 보자기 속의 가위처럼
헝겊 같은 나의 말도
함부로 자르지 않는다

스물두 해 동안
잘 드는 가위인 채

늘 입을 닫고 옆에 있다

샘물 받은 무논처럼

논과 논 사이
유속 느린 농수로가 있으면
그 물길의 머리에는 저수지가 있기 마련,

금강 길 넓게 돌아 퇴근하면서
씨알 굵은 붕어가 사는 저수지 찾아 나섰지
나만의 붕어 저장고를 갖고 싶은
욕심도 참 단단했지

낮은 구릉 너머 수로가 시작되는 곳,
갈대 촘촘한 저수지는 모습 없고
허리부터 기울어진 낡은 농가 한 채

텃밭 옆 너럭바위 아래
솔잎에 덮인 작은 샘 하나
맑은 샘 하나 흐르고 있대

너도 있었구나
장수군 천무산의 뜸봉샘을 본 듯
금강의 맑고 차가운 동맥 앞에서

나는 참 좋았네

나는 좋아서
샘물 받은 무논처럼 웃었네
씨알 굵은 붕어가 몸을 간질이는
큰 저수지처럼 웃었네

어머니

이틀 걸러 들려도
십 년 손님처럼
손잡고 방에 들이시고
눈에 안 보이면 섭섭해
갈바람처럼 마음 비우십니다

튼튼한 몸 집 지어주시고
불혹이 지난 선생에게
착하게 살아라
학생들 이뻐해라

자식 여덟 풀으시며
몸속 눈물 다 놓으시고도
전화 한 소식에 봄 햇살처럼
주름 꽃을 피우시는 어머니

틀니 두 짝

어머니 아버지 틀니 하셨네
한 해 농사 돈
입 안에 다 들어왔다고
입이 무겁다고 빈 입맛 다시더니
오물오물 잔주름만 모으더니

총각무 한 입 베어 물고
아하! 이제 살것다 살것어
명절날 잿밥처럼
더운 물로 여러 차례 씻어
흰 종이 위에 올려놓은
하얀 틀니 두 짝

선생이 뭔 돈이 있나냐
이른 아침 출근길에
시린 손으로 꼭 쥐어주는 3만 원
막내가 드렸던 용돈이
틀니 값으로 내게 다시 왔네

거인을 그리워함

예전엔, 이 땅에 거인이 있어

오십 척 금강송金剛松 우듬지와 밑둥치를
옥수수 대궁 베듯 툭! 툭! 자르고
칡 줄기 두어 번 감아 활을 만들었을

이 땅에 거인이 있어

팔뚝 같은 대나무 살을 시위에 걸고
퉁퉁 날리며 땅 위의 공룡을 사냥하고
또 하늘의 익룡을 겨눴을 것이다

그런 거인을 그리워하며,
범어사 금강송이 아직도
활 모양으로 휘어져 있구나
그 곁의 대나무들도 전통 속의 활처럼
직립을 고집했구나

거인은 우리의 본능
그래서 아직도

진즉 범어사 골짝을 넘었을
그의 바람을 쫓고 있지

거인은 우리의 유산
그래서 아직도
뼈마디 세워 직립을 고집하지

고라니가 머물던 자리

감꽃이 피었길래
꽃 피고 절명絶命한 대숲 안
뾰조리 감나무
그늘에 들었을 뿐인데

고라니가 있었다고?

꽃그늘 언저리에서
함지박만 한 배를 안고
굴참나무 능선을 넘는
고라니 한 마리

식솔도 살림도 없이
훌쩍 떠난 열린 대문 안
웅숭깊은 둥지에 소복한
오오 소복한 감꽃의 향기들

가을비 오는 밤

청소 시간에 다친 녀석
병원에 데려다 주고
서점에 들려 책 한 권 들었다
저수지 갈대밭을 지나 온 물바람이
졸린 듯 수막새 사이로 잦아들고
늦가을 밤비가 처마 밑으로 몰린다
서둘러 멀어지는 말발굽처럼
어둠을 두드리는
빗방울의 종종걸음
아침이면,
밤새도록 몸을 떨었을
붉은 칸나가 다시 서고
한 보자기의 햇살을 따라
빗낱은 하늘로 돌아가리라

가을비 오는 밤은
벽오동 잎이 그만 손을 놓는 밤

대나무꽃

토요일 3교시 교내 봉사활동 시간
남자 아이들 예닐곱 손에 호미 들리고
학교 울타리 뒤에 있는 토란밭을 매러갔습니다
해찰하는 녀석들 발걸음 독촉하여
삼각자만 한 자투리밭에 도착하니
망촛대 비름나물 가득하던 밭이
정갈하게 김매어져 있었습니다 그리고,
밭 구석엔 허리 굽은 구멍가게 할머니
잔디에 쪼그려 앉아 담배를 피우고 있었습니다

저기, 할머니가 이 밭 맸어요?
그려
학교 밭을 할머니가 왜 맸어요?
아, 토란싹이 이쁘길래 좀 뽑아달라고 했더니
행정실 뭐신가가 뽑아가지 말고
내 거다 생각하고 그냥 보라지 뭐여
그런디 풀이 좀 많아야지
내 껑께 내가 맸지

담배를 맛나게 먹고 있는 왜소한 할머니를

한동안 보다가 아이들 다독여
학교로 돌아왔습니다
녀석들, 할머니가 드디어 돌았다며
히히덕댔지만, 꽃을 보았습니다
한 번 꽃을 피우는 데 60년이 걸린다는
대나무꽃, 샛노랗고 아름다운
한 그루의 竹花였습니다.

꼬마물떼새

학교 운동장 자갈밭에
물새알 세 개
하루 지나 네 개

체육교사 이 선생
수업은 하루 종일 교실
말[馬]만 한 녀석들 투정도 하지만
가는 귀 먹먹

뭔 돌이 네 개가 똑같다냐

눈썰미 밝은 녀석이 깨트린
알록달록 물새알 하나

이 선생 고민 깊어지더니
둥지에 해바라기 수를 놓았다
새둥지에 돌 꽃이 피었다

체육선생을 남편 삼아
어미 물떼새,

햇살 바른 운동장을 혼자 다 쓰고 있다

기차가 있는 풍경

달빛 아래 갈대가 새파랗다
반딧불이 동네에 와서
막내와 다붙어 앉았다

막내는 지렁이를 꿰어 던진다
스무 량 뼈마디로 헤엄치는
뱀장어를 잡겠단다

기차는 자꾸만 달아나쌓는다
지렁이를 삼킨 동자개처럼
빠가빠가 울면서 산으로 들어간다

그리운 것
갖고 싶은 것들은 언제나
손을 벗어나는 힘이 세다

반딧불이를 열 량
스무 량씩 실은 기차가 강을 건너
산으로 들어가고 있다

낮달

한 달째 결석한 반 아이를 찾으러
산1번지 고아원에 올랐다
노송 우거진 정원에
이끼 옷을 입은 성모 마리아상이
묵상의 기도를 하고
새로 올린 3층의 원옥 위에
한 입 베어 물고 버린
빵 같은 낮달이 걸려 있었다
식당 아줌마의 말 속에도
이미 다른 아이가 사용하고 있는
208호 낡은 방에도
아이의 모습은 없었다
결석과 담배에 대하여 말하고
용서와 관용에 대한 말을 늘으며
검은 놈슨 성경책 앞에서
수긍의 고개를 끄덕이고 돌아왔다
퇴학원을 꺼내어 산1번지 주소와
이름을 쓰다가
다시 책상 속에 밀어 넣었다
희미한 채로 한동안 남겨놓기로 했다

논 이야기

다랑논 묵고 여름 지나자
돌담 밑을 흐르던 산골물이 길을 지웠다
한 계절의 홍수가 다녀간 뒤
모내기할 때마다 맨발을 간질이던
논둑의 촘촘한 주먹돌 사라지고
개자리마다 어린 버드나무가 마을을 일궜다
키 작은 아버지는 젊었을 때
한 자루의 곡괭이와 손갈퀴로
다랑논을 만들고 양식을 져 날랐다
우리는 제비새끼처럼 붉은 입을 벌려
쌀알 같은 땀방울을 받아먹으며
벼이삭처럼 여물었다
그 사이 아버지의 근육은 풀리고
늙은 고욤나무처럼 소진하였다
배가 고플수록 단단하게 결속했던 우리는
민들레 씨앗처럼 흩어져
아버지가 되고 엄마가 되었다
그리고 우리의 식량창고였던 다랑논,
한 세대의 대물림도 없이
고라니가 숨어드는 산골짜기가 되었다

비 오는 운동장

장마가 찾아온 학교 운동장
쉬는 시간마다 공을 굴리던 녀석들
발이 묶여 며칠째 잠잠하다
체조의 질서와
호루라기의 경고가 허물어진
운동장 접시웅덩이에
이끼가 앉고 소금쟁이 떴다

어디서 왔을까

어디서 꼭꼭 숨어 있다가
맨발로 쏟아져 나왔을까
아이들은 태양 같은 공을 들고
창밖을 힐끔거리지만
괜찮다 괜찮아
아직은 빗속 폐허
정갈한 운동장을 아름답게 망쳐놓은
이끼와 소금쟁이
개망초 너희들의 시간이다

돌아앉기

대바구니 어깨에 걸고
대나무 장대를 끌고
날망 포도밭가에 호두를 거두러 갔네
으름덩굴이 기세 좋게 일가一家를 이룬
호두나무에 올라 열매를 터는데
떨어지는 호두마다
황소 눈동자만큼 크고
부리부리하게 드러나는 구멍들

딱따구리 녀석, 가지에 열매를 매단 채
솜씨 있게 호두 속을 빼간 것인데
햇살은 청맹과니처럼
빈 껍질에 살을 붙이고
바람은 또 상원上元밤 장독대 촛불 곁을 지나듯
발소리를 재운 것이다

밤낮으로 미안한 호두나무는
구멍마다 손잎으로 가리고
으름 열매로 주렁주렁
위안을 삼은 것인데

끝내는 주인 발걸음에 궁둥이 틀어
돌아앉고 말았다

맨손으로 나무를 내려온 나는
불현듯 햇살 보기가 많이 부끄럽고
논밭에 일손들 보기도 낯 뜨거워
빈손으로 돌아오는 낮도둑처럼
경계를 치며 집안으로 드는 것이다

다행이다

공비가 따발총을 볶아대던 시절에는
동네 남정네들 피난골이었다
이제는 묘지가 마을을 이룬 골짝,
먹골에 올라와 상여를 태운다
꽃상여가 화들짝
눈을 뜨다가 이내 감는다
열두 상두꾼,
우리는 불 곁에서 등신불처럼 초라하다
산골짝 폐광에서 흐르던
검은 물은 흔적 없고
묘지와 수풀의 경계마다
진달래 꽃 사태가 났다
꽃자리마다 묘 사태가 났다
햇살과 꽃과 불 사이에서
이곳이면 저승도 아늑하겠다는 생각을 했다
다행이다

외할아버지 추억

외할아버지는 무당이었다
봇짐 하나 매고 발 놓는 곳이 당골이었다
마음이 부르는 대로 걷고
밤에는 몇 사내의 운명을 점지하고

역마의 길을 돌아
금강이 내려뵈는 촌가에 들면
술주정꾼 외삼촌 풀이 죽고
외할머니 발걸음은 느려졌다

흙벽 두꺼운 방에 들어 면벽독서
시장하다 방이 차다 말이 없었다
닫힌 문 앞에서 그림자로 소식 물으면
번 풍문인 듯 건너오는 낮은 기침소리

　너는 외할아버지를 닮았단다

어머니는 자랑처럼 내 손을 잡지만
나는 발품이 길지도 오달지지도 못하여
매양 삶의 주변을 두리번거리며 산다

딱새

집 뒤 웅숭깊게 자리 잡은 보일러실 문 앞에서 마른 나뭇가지를 주워 버린 일이 어제인데 오늘 또 몇 개의 나뭇가지가 떨어져 있다 불쏘시개처럼 함부로 놓인 그것들을 손에 들고 정원으로 나오다가 붉은 벽돌 모퉁이에서 후다닥 마주친 것은 딱새였다 점심시간에 구멍가게 다녀오다 들킨 녀석처럼 뒤돌아 뛰어가는 날갯짓 아래로 떨어지는 작고 마른 나뭇가지 하나

나의 손에 들린 것은 정원 구석의
남천과 라일락 삭정이
나는 지금 딱새가 수없이 다녀간
노동의 길 위에 서 있다
그는 하루 온종일
정원에서 라일락까지 길을 내고
자주달개비 꽃바람은 장난꾸러기처럼
그 길을 지웠으리라

딱새는 허공의 흔들리는 계단을 힘겹게 올라 보일러실 깨진 유리창 안의 연통과 벽돌 사이, 보금자리가 있는 이곳에 왔을

것이다 깨진 유리창 틈새로 들어가지 못한 나뭇가지는 미련 없이 버려졌거나 안타깝게 떨어져 다시 쓰레기가 되었다 집주인이라고 어깨 펴고 다니는 다른 짐승에게 쓰레기는 치워지고 딱새는 유선방송 줄에 웅그리고 앉아 내 자취를 살핀다 여름까지 쓸 연장과 비료를 꺼내 처마 밑에 놓고 한동안 잠깰 일 없는 보일러실 문을 닫았다

두 할머니가 있는 풍경

아흔아홉하고도 두 고개를 넘었단다
오르막 내리막
그늘의 길 무수히 건넜단다
고스라진 맨발로
운동장가에 나앉은 할머니,
비 온 뒤 진흙 위를
손과 엉덩이로 기어서
선명한 길 하나 내었다

가장 높은 고개를 올랐다

고추밭에 호미 던져놓고
노구老軀를 부축하는
칠순 며느리 더딘 걸음이
자장자장 돌아가고
풀잎들도 다시 비린내를 뭉턱 쏟고

라일락꽃이 피다

명지바람이 한소끔 다녀가셨다
토막 난 소식을 물고 온 전서구처럼
신도 벗지 않고
다녀갔는데, 그 사이

천둥 같은 사랑이 있었던가

그녀의 몸에서 푸른 호흡이 돌았다
한번 터진 사랑은 용암이라서
몸통이며 우듬지 사정없이
제 몸을 찢고 터졌다

동안거冬安居의 텃밭에 선혈이 낭자하다

사랑은 멍에 놓인 당나귀처럼
요령소리 짤랑대며 멀어지는데
무엇인가
고샅마다 차오르는 비릿한 향내는

멧돼지가 다녀가셨다

멧돼지가 다녀가셨다

상수리나무 아래

닭의장풀 소복한 풀 이불에

젖은 몸 재워놓고

어디 가셨나

말랑 옥수수 대궁쯤 부러졌겠다

이슬 앉은 발자국 따라

새벽 개 울음도 몇 따라 갔으리

3부

우물이 있던 자리

어머니 머리를 열고 병실에 누워
어둠이 무섭다고 하신다
마당 옆 우물이 무섭다고 하신다
그 위를 건너간 낡은 철사 빨랫줄이
자꾸 목을 감아서 잠이 무섭다고 하신다
윗말 할매는 무당이 특효라고
아직 살아있다는 당골네 소문을 트지만
고집이 멍석 쇠바늘인 아버지
담 옆에 깊은 수도 심지를 박고
달 없는 밤 텅 · 텅 · 우물을 메웠다
돌 맞은 우물의 신음 소리가 집을 에우고
나는 소를 잃은 목동처럼 아버지가 무서웠다
어머니 환청이 버즘마냥 피었다
우물 위에 멍석돌이 앉고-
어머니의 일상이 다시 집으로 돌아왔지만
지금도 우물 자리 멍석돌 위에 서면
심연의 바닥으로 잠길 듯 어슬하여
대낮에도 오줌을 지리는 것이다

은행나무의 오그랑장사

올해도 오그랑장사다
보문산 자락 우리 동네
울타리 올리고 남은 자투리 땅,
노인들과 어린것들의 소리가
숲을 이루는 놀이터
상처 많은 은행나무는
열매 진작 잃고 빈 몸뚱이다

지난해 은행 임자는 상여를 탔다
가슴이 허리까지 고스라진
자두나무집 할머니는
은행 알 여무는 날을 골라
나무 밑둥을 친다

스무 살은 됐을까

초가을부터 허수아비가 된 나무는
빈 가지를 들어 놓일 날을 셈한다
하지만 어림없다
늙은 버드나무 아래

팔각정에서 화투패 떼는
근육이 햇살 같은 노인네 허다하다

종이 공을 차는 아이들

아이들은
여섯 시 반 첫 버스를 타고 학교에 왔다
새벽의 텅 빈 운동장은 하늘만큼 넓다
아이들이 노트를 찢어 종이 공을 만든다
그리고 복도를 뛴다
다섯 아이들의 발소리가
군마의 발굽처럼 거칠다
아이들의 부모는 수박 농사꾼,
새벽이슬 촘촘한 비닐하우스에 들어
하루 분 출하를 고민하는 시간
아이들은 수박씨 같은 발로 공을 찬다
종이 공은 가볍고 복도는 동서로 길다
함부로 공을 차면서 영어도 수학도
차고 버리는 종이 공처럼
가벼웠으면 좋겠다는 생각을 한다
일요일마다 밭고랑을 비틀거리며
한 아름으로 들어 나르는 수박도
종이 공처럼
가벼웠으면 좋겠다는 생각을 한다
아이들 다섯, 종이 공 하나

여섯이 하나가 되어
열 바퀴 스무 바퀴 복도를 뛴다

철새 전망대

금강하구 둑,
갈대밭을 헤치고 전망대가 들어섰다
청둥오리 황오리 중대백로
가창오리가 떼로 내리는 터를 골라
전망대의 뱃머리를 물속에 박았다

전망대가
철새의 자리를 차지하면서 사단이 났다

사단이 난 것이
철새가 전망대와의 거리를 고집한 것이다
철새 없는 철새전망대라니,
급기야 망원경을 세우고 당겨도 보지만
冬山白雪 건너온 새들도
그 정도쯤의 내공은 지녔다

사람의 공력이 철새만 못하다

펩시콜라, 달콤한 소녀들

푸른 신호를 기다리는 차선 옆으로

펩시콜라 트럭이 멈추었다

순간, 일제히

어깨를 흔들며 출렁!

일어서는 소녀들

함성의 파도를 즐기는

치어걸 노란 몸짓 속에서

질식하고 싶은

펩시콜라, 그 달콤한 군무群舞

외로운 것은 외로운 것들끼리

학교 앞 관사에 외따로 살면서
혼자 사는 것들에 대한 관심이 커졌다

꽃 진 벚나무 둥치 곁에
깔때기 집을 마련한 개미귀신은
오늘 몇 마리의 개미를 잡았는지

골대 옆 꼬마물떼새 부부는
고양이의 눈매를 어떻게 떨쳐내고
네 마리의 새끼를 키워내는지

수작골에 깃든 늙은 고라니는
오늘 밤에도 운동장을 다녀갔는지
꼬까신 같은 발자국은 슬몃슬몃 남겼는지

밤이면 작은 방의 창문을 열고
흐린 불빛을 멀리 보내지만 외로운 것들은
어둠에 안겨도 제 모양대로 모두 외롭다

우기雨期 1

운동장 가에서 오랫동안
옹고집의 나이테를 감던
늙은 메타세콰이어가
몇날 며칠을 흠씬
두들겨 맞고는 마지못해
어깨를 풀었다

숨겨놓은
까치집이 탄로 나자
스읍! 물바람이
끌밋한 머리를 들이민다

까치가 봄내 물어 올린
삭정이들이 소스라치고
빛 번인가 둥치가 울었나

우기雨期 2

작달비가 다녀간 뒤
안개 능선을 넘는 소나무 무리의
푸른 어깨가 싱싱하다 아이들 떠난
빈 교실에 앉아 비 구경을 한다
싸움 구경 불구경이
으뜸 재미라는데
비 구경을 제일 좋아하는
나의 팔자에 순응하고 있다

어릴 때, 뒷골 검은 산이 내려와 콩밭머리의 샘을 메우고 고욤나무 복숭아나무를 쓸고 갔을 때, 무너진 처마 밑에서 소나무와 머릿돌들이 뒹굴며 마을 아래로 달려가는 모습을 오랫동안 보던 때가 있었다 어른이나 아이나 할 수 있는 일이란 동공 가득 차 흐르는 산사태를 구경하는 것뿐이었다 머라피 용암보다 더 뜨거운 빗길로 한번 인도 당한 후 내 몸속에 깊은 물길이 패이고 때때로 거친 물길을 기다리며 그리워하는 버릇이 생겼다

논둑과 밭둑 사이 선명한 선을 그으며 새로운 길을 내는 금강이 길들은 것들과는 인연이 아니라는 듯, 한 번도 가 닿지 않은 골짝의 가슴을 치기 위해 제 몸을 밀고 간다 단호하게 결속

한 황토빛 새길 위에 올라 한 달음에 바다에 닿고 싶다는 생각, 한번은 터져야 강이 되는 계곡처럼 나도 한번은 꼭 터져서 한 줄기 강으로 눕고 싶다는 생각

재활용 옷가게

저녁 눈발 흩날리는 재활용 옷가게,
겨울옷들이 매무새를 고치고 나섰다
한때의 주인이었을,
옛 사람의 실루엣을 아슴히 간직하고 있다

첫 주인은 떠나면서 그의 순결을 가져갔다

그 후로 그는 자주 얼굴을 붉히고
더 자주 두근거렸지만
몸의 둘레가 흔들릴 뿐
이완기의 근력은 이미 풀어지고 있었다

잠시라도 몸이 다녀간 옷은
체온이 있어야 눈을 뜬다
서둘러 상처를 여민 사람들이
거리에 나서고
또 다른 헌 옷들이 고름을 푼다
눈발만큼 가벼운 몸값을 내 걸었다

비밀 만들기 1
–비둘기

구절초 꽃망울 여무는 교실 앞 화단
2층 높이로 올라선
백목련과 자목련 나무 사이
멧비둘기 두 마리 부산하더니
문득, 자취 없다
산새 알 헤집던 직감으로
오호라!
백목련나무 우거진 손잎 사이
성긴 가지 올려 허방 깁고
비둘기 한 마리 미동 없다
해 짧아지는 가을 문턱에서
덩달아 마음 부산해지고
호기심 탱글탱글한 교실 녀석들에겐
비밀의 방 하나 만들기로 했다

비밀 만들기 2
–비둘기

좁다란 화단에 감국 구절초
꽃비로 내리고
목련 잎이 옷을 벗는 가을 문턱
햇살 따스한 운동장에
어린 비둘기 두 마리
던져 놓은 주먹돌처럼
어설픈 몸짓으로 내려 앉았다
화살 같은 아이들 시선이 꽂히고
몇 녀석들 내닫는데

운동장에 어린 비둘기 잡지 마세요.

어린 멧비둘기를 위한 학교 방송에
고추잠자리가 하늘샘으로 흩어지고
볏단을 묶던 일손들이 허리를 편다
들판의 웃음이 하늘을 한 자나 늘렸다
학교 마치고,
종종걸음 서두르는 아이들 너머
낮은 전선줄 위에 비둘기 네 마리
비밀을 메조진 고마움에

까치놀에도 부끄럽지 않은 가을

부성염전

서산 부성염전
소금장수의 두 손은 문둥이
지뢰가 진작 먹어버렸다

여름 소금밭에서
땀 한 말
바다 한 말 보태어
어미 없는 집
애비 없는 집
한 가마씩 던져놓는다

소금밭에 비가 오면 어쩌나
소금밭에 눈이 오면 어쩌나

부성염전 소금장수
두 손은 문둥이
손가락 하나씩 떼어
아들 없는 집
딸 없는 집
해마다 던져 주었다

바위산 그 산

바위산 그 산
번듯한 나무 한 그루 없이
불 깐 거웃 움츠리고
검버섯만 피우던 그 산

비 사태가 난 지난여름
수십 척 오줌발 쏟아 내더니
천렵 온 아낙네들 잡아끌더니

올봄엔 자식이라도 하나 놓을 듯
비릿한 운무 사태지게
쏟아놓는 바위산 그 산

믿는다는 것

경칩 지나 찾아 온 함박눈

겨우내 굶주린 화초들을
다시 어둔 창고에 밀어 넣는다
햇기운 받은 정원
봄 흙에서 어깰 뽑아 올린
각시붓꽃의 새파란 머리
상사화 조막 손가락
눈 속에 묻히지만

괜찮다 괜찮아

그저 환하게 웃고 있는
홍매화 한 그루

맑은 날

돌이켜보면,

부끄럽지 않은 날 있던가

그래도

맑은 날 핑계 삼아

무릎 세우고

다시 길을 간다

가슴을 크게 꺾다

소나무가

가슴을 한 번 크게 꺾었다

위로 향하던 욕망을

수평으로 뉘었다

그러고도 살아서 그늘을 넓히고

마침내 그 언덕 주인이 되었다

청마리 솟대

강은 마을을 낳고
마을은 길을 낳는다
강줄기 굽도는 탑신제단에
목욕정제하고 솟대를 올린다

하늘과 땅을 하나로 묶으며
작달비가 내려도 금강길 홍숫길
제 길로 가시라고
흙룡숯룡 황룡토룡 조상의 들로 모셨다

강줄기 울타리 삼아 집을 짓는
청마리골 사람들
소지 태워 올린 손으로 밭을 일구고
밤마다 금강을 당겨 베고 눕는다

푸른 갈기를 흔들며 강물은
천 년의 길로 멀어지고
은사시나무가 산란하는 뒷산을 넘어
신앙처럼 내려오는 오리 떼들

징검돌

금강 둑 너머 비닐하우스가
하늘 속 안개밭이다
이랑마다 딸기가 자라고
몇 명의 아이들은 학교에 온다
자전거를 타고
통학버스를 타고
또 열두엇은 걸어서
자주 끊어지는 소식으로
하나씩 하나씩 학교에 온다

학교에 온 아이들은
급히 들이친 비바람처럼
서로서로 몸을 섞고
차가운 날숨을 섞으며
쉽게 하나가 된다
이른 아침 안개 숲을 지나
차고 시린 아이들이 학교에 왔다

나는 예닐곱,
이 아이들의 담임이다

이미 하늘 밭 흙심처럼
가슴이 두텁고 넓은 아이들,
나는 그들 앞에 서지 않고
흘러든 빗물로
흘러갈 강물로
쉽게 섞여 하나가 된다
차고 시린 산골 물속에서
징검돌 하나가 되기 위해
나도 학교에 왔다

유달산

유달산은 단단한 산이다

한두 놈이 소란을 놓는다고
흔들릴 산이 아니다
한 몸이 못 될 도사리들 진즉 털어내고
힘 센 것들끼리 웅성웅성
어깨를 맞놓고 금줄을 쳤다

유달산에 오르다보면
젊었을 적 아버지의 어깨가 생각난다
나도 목포에서 하룻밤을 새고 나면 꿈틀,
생짜 근육이 불거질 것만 같다

바다는 오랫동안 깊은 눈빛으로
유달산을 보고 있는 중이다
가끔은 부러운 듯 손을 뻗어
산의 허벅지를 툭! 쳤으리라
유달산은 유달산대로 바다는 바다대로
서로의 존재를 인정하는 눈치다

자목련나무의 고집

이층 교실 유리창 가린다고
이른 봄에 부지깽이 같은 우듬지를
함부로 분지른 자목련나무였다
봄 내내 상처 여닫는 소리 메아리치더니
서둘러 옷 입고 엉거주춤
성긴 꽃도 올리더니
어느새 제 성깔대로 모양을 이뤘다

닭 벼슬처럼 가장 싱싱한 놈이 다시
불쑥! 유리창을 가렸다

그놈 참,
다시 올라가서 일도양단하고 싶다가도
높이 앉은 말매미의
벼락 같은 소리가 그리울 때면
자목련나무의 고집이
내내 부러운 것이다

앵두나무 길

돌보지 않아도 잘 자란
쑥밭, 그 끄트머리 대숲머리에
반쯤 기울어진 앵두나무 한 그루

조심조심 쑥 무더기 헤치며
다가 선 나무에
누군가 이미 다녀간 작은 발자국

눈 내린 새벽
은빛 세상을 가로지른
발자국 징검다리처럼
쑥밭을 건너 앵두나무와 다붙은
동그란 길 하나 그려놓고
저편으로 멀어진 사람아

그대의 가슴에
햇살 붉게 차 오르기를
설렘의 발자국
발자국마다 사랑옵구나

홍매화

그녀의 더운 숨결이 벙글었다

오래 묵은 고백이 터진 것인데

동장군 코앞에서 열린 숨결이

날숨마다 서리꽃으로 피었다

언젠가,

그녀의 가슴에 내렸던 나의 두레박이

끝내 닿았던가

딱새는 없다

풍화에 구멍 뚫린 담
바닥에서 다섯 번째 블록
참나무 낙엽
묘지의 마른 풀 채우고
알록달록 딱새 알 세 개
이른 아침 블록 담 어깨 넘어
어미는 아카시아 숲으로 들고
죽은 벽오동 나무
뭉툭한 가지에서 들려오는
뻐꾸기 소리

멧새 때까치 종달새 알락할미새 노랑할미새
—뻐꾸기가 탁란托卵을 하는 새

딱새는 없다
아카시아 숲으로 날아간

| 해설 |

'흰나비'와 '가창오리 떼'를 바라보는 시인의 밝은 눈

김백겸(시인, 웹진 《시인광장》 주간)

김종윤 시인의 5번째 시집 『나뭇잎 발자국』 해설을 쓰게 되었다. 김영찬 시인의 주선으로 알게 된 사항은 김 시인이 충남대학교 후배라는 것. 나는 경영학과를 졸업하고 김종윤 시인은 공업교육과를 졸업하고 시를 쓰는 아웃사이더라는 것. 금산 지역에 사리를 잡고 선생님을 한다는 것 정도였다. 첫 시집 『새벽을 기다리는 마음』, 두 번째 시집 『텃밭 생명의 노래』, 세 번째 시집 『길에게 길을 묻다』, 네 번째 시집 『네모난 바퀴를 가졌네』가 상재되었는데 제목을 일견하니 생활과 자연을 소재로 해서 쓰는 서정시인이라는 인상이었다.

금산錦山은 사행천인 금강錦江이 산을 굽이굽이 돌아가는 풍광이 아름다운 곳이다. 이곳 사람들은 자연의 아름다움을 향유

하고 산다. 시란 성정性情을 드러내는 일이라는 동양시관의 입장에서는 김종윤 시인의 성정性情이란 이런 자연의 풍광과 무관하지 않다. 시집 『길에게 길을 묻다』에는 1부에 금강을 소재로 한 시들이 50편 정도가 실려 있어 금강이 시인에게 미친 영향을 짐작케 한다.

최신 뇌과학의 견해를 빌리면 인간의 의식이란 뇌 속에 숨어 있는 존재가 아니라 개체가 처한 환경과의 관계에서 만들어진다. 의식과 무의식을 포함한 주체(Self)는 환경에서 태어나서 환경을 뇌에 각인하고 주체의 경험을 환경에 투사해서 자아(ego)라는 관념을 형성한다. 이 견해에 동의한다면 시인이 자신의 성정性情을 드러내는 일은 환경 속에 처한 자신의 영혼을 드러내는 일이다.

하늘의 질서(天道)가 인간에게 깃든 것이 본성本性이니 인간이 성정性情을 드러내는 일은 인식과 사유와 행위로 사물을 해석하고 희로애락의 감정을 표현하는 일이다. 시란 그러므로 한 인간을 들여다보는 수단이 되기도 한다. 시인은 기쁨으로 시를 쓰지만 독자는 시인의 내면을 들여다보는 기쁨으로 시를 읽는다. 김종윤 시인의 시집 『나뭇잎 발자국』에 실린 시를 열쇠로 시에 관한 몇 가지 비밀을 들여다보기로 하자.

콤플렉스complex와 상처

상처가 길이 된다

사랑을 한다는 것은
상처와 상처가 만나는 것,
우리는 모두
길 위에 있다

—「상처가 길이 된다」 전문

인간은 어머니와 아버지의 결합에 의해 태어나고 태어난 이상 생로병사를 거쳐 죽어야 한다. 생식과 죽음, 에로스와 타나토스의 길항拮抗에 의해 실존의 무늬가 결정된다. 어머니의 자궁과 품에 안긴 아기는 소외와 결핍을 모르는 천국(열반)의 상태에 있다. 나(ego)와 타자(the other)의 구분이 없는 불이不二의 세계 곧 열반이다.

아이는 배고픔과 사랑을 충족해주는 젓가슴과 어머니에 의존한다. 아기는 아버지의 세계(상징계)에 들어가면서 자신의 욕망대로 되지 않는 현실을 자각한다. 현실에는 '아버지의 법(제도, 관습, 언어)' 이 있다. 인간은 흙(죽음)에서 태어나 모체의 사랑 속에서 자라 아버지의 질서인 투쟁으로 진입한다. 라깡의 실재계와 상상계와 상징계에 대응하는 이 과정은 삶의 신비와 애착과 사랑의 복잡함을 말한다.

인간은 누구나 부귀공명을 바라지만 페르소나인 부귀공명이 인간을 근원적인 행복으로 이끌지 못하는 이유가 여기에 있다. 상징계의 질서에 있는 인간은 어머니의 사랑(천국과 열반의 상징)이 금지되어 있기에 소외와 결핍의 존재이고 인간의 불행은 여기에서 시작한다. 불행한 존재이기에 예술가들은 예술작품을 통해 자신의 불행을 드러낸다.

김종윤 시인은 위 시에서 사랑과 상처를 말한다. 짧은 시이지만 인간의 불행에 대한 통찰이 있다. "사랑을 한다는 것은/상처와 상처가 만나는 것"이라는 언술을 들여다보자. 왜 사랑이란 상처가 되는가. 인간의 사랑은 에로스를 기반으로 한다. 에로스란 그리스 신화에서 사랑과 증오의 화살을 가지고 인간과 신들을 상대로 장난을 하는 신으로 알려져 있다. 그러나 헤시오도스의 『신통기』는 '신들을 낳은 원동력으로서의 신'이며 '혼돈(Chaos)의 아들'이자 '밤(Nix)의 아들'로 묘사한다.

에로스는 신들과 인간을 지배하는 막강한 신으로 존재를 낳고 생식하는 원초적인 힘이다. 생명을 받은 자로서 이 힘을 벗어나는 존재는 없다. 사랑은 너(타자)와 하나가 되고 싶은 욕망이기에 영원한 사랑은 없다. 성욕이 잠정적으로만 해결되는 것처럼 사랑은 오로지 '순간의 의미'로만 발생한다. 사랑이 영원하기를 바라는 시인에게 사랑은 '상처와 상처가 만나는 것'이 된다. 여기에 상징계의 의미가 간섭한다. 욕망이 상징계의 '법'에 의해 억압당하면서 시인은 언어에 의미를 전이轉移한다. '우리는 모두 길 위에 있다'라는 언술은 문화와 상징이 만든 그물에 인간이 갇혀있다는 말이다. 길은 다시 길을 만나 복잡한 현실과 관계의 운명을 만든다. 인간은 요람에서 태어나 이 '길'을 걸어 무덤까지 간다.

훼티시즘fetishism의 '흰나비'

흰나비 한 마리

벚나무 위로 날아올랐다

하늘을 올려본 순간

내 나비 어디로 갔나

수만 마리의 군무 속에서

나는 흰 고무신 한 짝을 잃고

한참을 울었다

—「신발을 잃다」 전문

'내가 그의 이름을 불러주었을 때/그는 나에게로 와서 꽃이 되었다' (김춘수의 「꽃」 부분)는 표현처럼 시인이 욕망하는 "흰 고무신 한 짝 '이 "나비"가 된다. 밀레토스 학파의 시조인 탈레스는 '모든 것은 흐르고 변화하며 인간은 같은 강물에 두 번 발을 담글 수 없다' 고 말했다. 만물(實在界)은 흐르므로 만물을 보고 의미를 표상表象한 언어(기표와 기의)도 흐른다. 의미는 시인이 발화하는 상징계의 언어에서 발생하는데 언어의 부름에 의해 욕망의 '오브제 쁘띠 a' 가 발생한다. 무(無, nothing)에서 이름을 불렀을 때 '꽃' 이 되듯이 '흰 고무신 한 짝' 이 '나비' 가 된다.

전이轉移는 주체의 무의식적 욕망이 억압을 당하면서 발생한 소망이 다른 대상과의 관계로 승화되는 과정이다. 김종윤 시인이 본 '벚꽃' 이 '나비' 와 '흰 고무신 한 짝' 으로 전이되면서 의미는 흐른다. 기표와 기의가 만나는 지점이 언어가 되지만 만물이 흐르듯이 기표와 기의는 만났다가 흩어진다. '벚꽃' 인 기표가 시인의 은유가 불러온 '나비' 가 되었지만 '나비' 는 김종윤 시인의 응시에 의해 잠깐 이 세상에 드러난 '꿈' 이다. 나비/꿈은 흐르는 시간 위에 잠깐 드러난 물거품이기에 "하늘을 올려본 순간/내 나비 어디로 갔나" 라는 표현을 낳는다.

김종윤 시인의 인식(의식과 무의식이 바라본 응시의 그물망)이 상징과 전이의 시적 표현을 낳았다. 마지막 연에서 김종윤 시인은 '나는 흰 고무신 한 짝을 잃고/한참을 울었다' 고 발화한다. 이 지점에서 시인은 왜 울어야 하는가. 사물의 거울인 언어/의식 속에서 본 자아가 이상理想을 사물에게 투사하여 '나' 를 사랑하는 것이 승화이다. 에로스의 욕망이 전이하면서 승화가 발생하는데 대상(욕망으로서의 연인)을 높은 위치에 올려놓고 숭배하며 닮으려 노력하는 행위가 승화이다. 주체는 시지프스처럼 사랑과 욕망의 돌을 꼭대기에 올려놓으려 하나 다시 떨어지기에 시인은 결핍과 허무 때문에 운다. "흰 고무신 한 짝" 의 분실은 현실의 사건이지만 동시에 "흰 나비" 로 승화한 이상화理想化의 분실이다, 이 시는 화자가 사랑의 결핍과 존재의 아픔 때문에 운다는 이중구조의 암시를 드러낸다. 이 지점에서 시적 긴장이 발생한다. 김종윤 시인이 사물을 완벽한 이미지로 보고자 하는 환상과 욕망이 언어 사이로 배치되면서 상황이 질주한다. 같은 시의 경향을 한 편 더 들여다보자.

가창오리 떼가 날아올랐다

흩어졌다

모였다

난바다의 멸치 떼를 이끄는

파수꾼의 깃발이다

나도

저 불밭 속으로 날개를 편다

—「군무群舞」 전문

오리과에 속하는 가창오리는 러시아 동부 레나 강을 비롯한 습지에서 번식하며 여름을 난다. 먹이는 풀씨, 수초 등과 수서 곤충, 무척추동물 따위를 먹고 우리나라에서는 충청남도 천수만과 금강 하구, 전라남도 해남 고천암호 등지에서 겨울을 난다고 지식백과는 설명한다.

흐르는 시간의 강물 위로 어부가 그물은 던지듯이 시인이 기표들의 물고기들을 건져 올리는 순간, 시가 태어난다. 가창오리가 흐르는 강물 속의 물고기를 욕망하듯이 시인이 사물을 욕망하며 응시하는 순간 의미가 태어난다. 의미는 언어의 그물망에서 태어나지만 물고기가 그물을 벗어나면 죽듯이 의미도 언어의 그물망을 벗어나면 죽는다. 김종윤 시인은 "나도//저 불밭 속으로 날개를 편다"고 말한다. "가창오리 떼"가 펼치는 생명의 '불밭' 이 있고 시인이 사물을 응시하는 언어/의식의 '불밭' 이 있다. 이 시는 '불밭' 이라는 은유와 상징이 불러일으키는 알레고리 때문에 시가 되었다. 시인이 날아간 지점은 어디일까. 독자 역시 상상의 날개를 펴고 시인과 함께 날아간다. 시인이 제시한 현실의 풍경은 "가창오리 떼"와 "난바다의 멸치 떼"가 있는 장소이자만 독자는 시인이 보여준 풍경과 자신의 경험에 들어온 '불밭' 의 풍경으로 동시에 날아간다.

언어의 무당巫堂

외할아버지는 무당이었다
봇짐 하나 매고 발 놓는 곳이 당골이었다
마음이 부르는 대로 걷고
밤에는 몇 사내의 운명을 점지하고

역마의 길을 돌아
금강이 내려뵈는 촌가에 들면
술주정꾼 외삼촌 풀이 죽고
외할머니 발걸음은 느려졌다

흙벽 두꺼운 방에 들어 면벽독서
시장하다 방이 차다 말이 없었다
닫힌 문 앞에서 그림자로 소식 물으면
먼 풍문인 듯 건너오는 낮은 기침소리

너는 외할아버지를 닮았단다

어머니는 자랑처럼 내 손을 잡지만
나는 발품이 길지도 오달지지도 못하여
매양 삶의 주변을 두리번거리며 산다

—「외할아버지 추억」 전문

김송윤 시인이 시를 쓰는 배경이 궁금했다. 세상의 모든 일은 드러난 실서 외에 '드러나지 않은 질시'의 힘의 지배를 받는다. 우리가 의식하지 않는 사이에 지하에는 마그마의 운동이 모이고, 지진을 일으키며 일본 후꾸오까현에 쓰나미를 보낸다. 쓰나미는 인간의 설계나 의지의 한계를 비웃으며 문명과 문화를 파괴한다.

인간은 자연을 경작(culture)해서 문명을 세우고 제도에 순응해서 의식주의 삶을 살지만 인간사는 이 범위를 벗어난 일들로 가득하다. 우리가 자연自然이라고 부르는 '땅(地)의 질서' 가 있고 지구의 운행을 떠받치고 있는 '하늘(天)의 질서' 가 있다.

동양에서는 사물이 운행하는 작용을 천지인天地人의 삼태극三太極의 관점으로 바라본다. 천문, 지리, 인사로 나눈 이 해석에는 인간의 능력밖에 있는 사물의 질서에 대한 외경이 있다. 천문天文은 말 그대로 '하늘의 문학' 인데 고대에서는 사시四時를 만들어내는 하늘의 질서가 만물을 결정하는 가장 기본 요소로 보았다. 검은 하늘(玄)에 바탕에 '무늬' 로 드러난 별의 운행을 해석하는 일이 '천문天文' 이었다.

과거의 무당들은 하늘의 질서를 인간에게 해석해서 미래의 전개과 길흉을 알려주는 예언자였다. 하늘의 질서에 어긋난 인간의 삶을 치료하는 의사이기도 했던 '무당' 은 요즘말로 하면 하늘의 프로그램을 엿보는 '해커' 라고 정의할 수 있다.

시인의 원형이 무당이다. 무당의 제의祭儀에는 신탁을 해석하기 위해 시가무詩歌舞가 등장한다. 과거에는 무당이자 시인이자 가수이자 춤꾼이 한 사람의 몸과 정신에서 이루어진 종합예술이었다.

무당은 흔히 집안내력으로 된다고 한다. 유전인자인지 정신적 소질인지는 모르겠으나 속설이 옳다면 김종윤 시인은 무당기가 있는 외가의 피로 무당의 정신적 소질의 일부인 시인이 되었다고도 볼 수 있다. 김 시인의 어머니가 전하는 전언 "너는 외할아버지를 닮았단다"는 말씀과 이를 기억하는 시인의 내적 자의식이 있다.

아마도 '보이지 않는 질서'의 힘이 김종윤 시인을 사물을 느끼고 달리 보아야 하는 사람으로 만들지 않았을까. 시인은 언어의 무당으로서 사물과 언어에 숨겨진 '보이지 않는 질서'의 의미를 느끼고 표현한다. 김종윤 시인의 내면에서 보이지 않는 불길(물길)이 의식의 지표로 올라와 시가 되고 무당의 신탁이 되는 알레고리를 암유한 시가 있다.

작달비가 다녀간 뒤
안개 능선을 넘는 소나무 무리의
푸른 어깨가 싱싱하다 아이들 떠난
빈 교실에 앉아 비 구경을 한다
싸움 구경 불구경이
으뜸 재미라는데
비 구경을 제일 좋아하는
나의 팔자에 순응하고 있다

어릴 때, 뒷골 검은 산이 내려와 콩밭머리의 샘을 메우고 고욤나무 복숭아나무를 쓸고 갔을 때, 무너진 처마 밑에서 소나무와 머릿돌들이 뒹굴며 마을 아래로 달려가는 모습을 오랫동안 보던 때가 있었다 어른이나 아이나 할 수 있는 일이란 동공 가득 차 흐르는 산사태를 구경하는 것뿐이었다 머라피 용암보다 더 뜨거운 빗길로 한번 인도 당한 후 내 몸속에 깊은 물길이 패이고 때때로 거친 물길을 기다리며 그리워하는 버릇이 생겼다

논둑과 밭둑 사이 선명한 선을 그으며 새로운 길을 내는 금강이 길들은 것들과는 인연이 아니라는 듯, 한 번도 가 닿지 않은 골짝의 가슴을 치기 위해 제 몸을 밀고 간다 단호하게 결속한 황토빛 새길 위에 올라 한 달음에 바다에 닿고 싶다는 생각, 한번은 터져야 강이 되는 계곡처럼 나도 한번은 꼭 터져서 한줄기 강으로 눕고 싶다는 생각

—「우기雨期 2」 전문

시에 드러난 현실의 풍경은 홍수가 나고 금강이 범람하며 무서운 기세로 넘친 물길이 "논둑과 밭둑 사이 선명한 선"을 그으며 물길이 제 스스로 길을 내고 있다. 외연의 풍경은 시인의 내면의 풍경을 드러내기 위해 흔히 차용된다. 정경교융情景交融에 의해 시는 외면의 풍경이자 화자의 내면의 풍경을 동시에 보여준다.

시 「우기雨期 2」의 제목이 암시하듯 비상非常의 시간과 자연이라는 '타자'가 인간의 문명에 균열과 틈을 내는 시간이 있다. 라깡의 해석으로는 인간의 의식이란 자연이라는 실재實在에 상상과 상징의 욕망을 덧씌워서 만들어진 풍경이다.

무의식과 의식의 언어가 입힌 이 풍경들은 인간의 언어가 완전하지가 않기에 그 풍경은 '틈'과 '균열'이 있는 '꿰맨 자국'을 보여준다. 타자인 자연(實在)은 이 균열과 틈을 비집고 주체(인간의 문화)를 전복한다. 시인/무당은 인간의 힘을 넘어선 이 타자(實在)의 힘을 들여다보는 자이기에 그에게는 현실이 종종

비상非常의 풍경이 된다.

김종윤 시인의 소망과 욕망이 드러난 다음 표현이 그가 시인으로 살고자한 한 이유를 보여준다. “한번은 터져야 강이 되는 계곡처럼 나도 한번은 꼭 터져서 한줄기 강으로 눕고 싶다는 생각”. 이 표현은 현실의 제약을 넘어서 실재實在인 ‘대타자’ 와 하나가 되고 싶다는 발언이다.

정상인은 실재實在를 제도와 관습과 문화가 허용한 틀과 인식으로 감싸서 본다. 우리가 보통 현실現實이라고 생각하는 세계이다. 그러나 정신분열자들은 실재實在에 그대로 노출됨으로서 상상계와 상징계의 안정적인 인식의 틀이 붕괴된다.

인식의 ‘꿰맨 자국’ 의 틈으로 들어오는 실재實在의 정보와 에너지는 의학자들이 현실의 입장에서 환상이라고 정의하는 세계이다. 정신분열자는 현실과 환상의 구분이 안 되는 혼돈에 있고 무당과 예술가들은 현실과 환상의 구분을 해서 통합된 의미를 도출하는 창조의 세계에 있다.

무당에게는 신기神氣라고 알려져 있으며 예술가에게는 마음의 어쩔 수 없는 심리적인 힘, 데몬demon이라고 알려져 있는 이 에너지는 인간의 무의식 아래서 용암처럼 힘이다. 이 에너지는 이 에너지는 마그마처럼 지표를 뚫고 나와 우리가 현실이라고 부르는 상식의 세계를 전복한다. 그리하여 새로운 지형과 세계를 창조한다. 이 힘은 예술과 종교의 창조적 원천이며 사랑과 지성의 ‘이중불꽃’ 으로 타오르기도 한다.

김종윤 시인의 시 「우기雨期 2」에는 시인이 새로운 세계를 열고자하는 열망이 홍수와 강으로 형상화되어 나타난다. “내 몸

속에 깊은 물길이 패이고 때때로 거친 물길을 기다리며 그리워하는 버릇"이 시인의 가슴에 자리하면서 시인은 내면의 정열로 세상의 지형을 바꾸는 이상을 꿈꾼다.

'딱새' 깊이 읽기

집 뒤 웅숭깊게 자리 잡은 보일러실 문 앞에서 마른 나뭇가지를 주워 버린 일이 어제인데 오늘 또 몇 개의 나뭇가지가 떨어져 있다 불쏘시개처럼 함부로 놓인 그것들을 손에 들고 정원으로 나오다가 붉은 벽돌 모퉁이에서 후다닥 마주친 것은 딱새였다 점심시간에 구멍가게 다녀오다 들킨 녀석처럼 뒤돌아 뛰어가는 날갯짓 아래로 떨어지는 작고 마른 나뭇가지 하나

나의 손에 들린 것은 정원 구석의
남천과 라일락 삭정이
나는 지금 딱새가 수없이 다녀간
노동의 길 위에 서 있다
그는 하루 온종일
정원에서 라일락까지 길을 내고
자주달개비 꽃바람은 장난꾸러기처럼
그 길을 지웠으리라

딱새는 허공의 흔들리는 계단을 힘겹게 올라 보일러실 깨진 유리창 안의 연통과 벽돌 사이, 보금자리가 있는 이곳에 왔을 것이다 깨진 유리창 틈새로 들어가지 못한 나뭇가지는 미련 없이 버려졌거나 안타깝게 떨어져 다시 쓰레기가 되었다 집주인이라고 어깨 펴고 다니는 다른 짐승에게 쓰레기는 치워지고 딱새는 유선방송 줄에 웅그리고 앉아 내 자취를 살핀다 여름까지 쓸 연장과 비료를 꺼내 처마 밑에 놓고 한동안 잠깰 일 없는 보일러실 문을 닫았다

—「딱새」 전문

이 시는 정원을 지나 보일러실을 가다가 같은 공간을 살고 있는 "딱새"와 화자의 조우를 시적 소재로 하고 있다. 무엇이 시인으로 하여금 '존재'의 비상한 감정을 '딱새'에게 느끼고 이상한 흥분이 섞인 경험을 시로 쓰게 하였을까.

나는 그러한 감정을 하이데거의 생각을 빌려 '존재'가 '존재자'를 통해 드러내는 자기현시의 진실이라고 부르고 싶다. 하이데거는 예술이 '진리모시의 세계의 개진'이라는 적극적인 생각을 가졌다. 그러기에 그는 예술의 언표인 언어(시와 음악 미술 등)는 '존재의 집'이라고 언명한다. 이러한 미학적 설명이 아니더라도 이 시의 화자 즉 김종윤 시인이 경험한 사건은 사물의 제일원인第一原因으로서의 '존재'가 시공간 내에 사물과 운동으로서 '자기현시'를 하는 사건이다. 인간은 매 순간마다 이러한 '존재'의 경험을 하지만 이를 시적(예술적)인 사건

으로 만들어 내는 것은 시인(예술가)의 상황에 대한 비상한 흥분이다.

불교의 윤회설을 빌리면 육도六道를 윤회하는 중생은 사실은 같은 시공간을 점유하면서 각각 다른 세계인식을 한다. 같은 공간에 있는 동일한 사물이지만 인간에게 물의 흐름인 강江이 물고기에는 집이다. 아귀餓鬼에게는 갈애渴愛를 일으키는 음식이며 아수라阿修羅에게는 불이라고 한다. 이 시에서도 화자와 '딱새' 는 같은 시공간에서 집을 공유한다. 불가의 견해로는 중생은 유구한 인연이 없이는 광대무변한 시공간에서 만나는 확률이 없다. 유명한 비유인 '옷깃만 스쳐도 전생에 깊은 인연' 이라는 격언도 여기에 근원한다.

하물며 같은 집을 서로 보금자리로 하는 화자와 '딱새' 의 인연이 이 시에 있다. 이 인연은 우리의 인식을 넘는 '숨은 질서' 에 의한 것일 수도 있다. 김종윤 시인이 '보금자리' 를 인연으로 해서 만난 '딱새' 는 시인의 투사한 시인 자신의 모습이다. 즉 주체가 타자의 위치와 자리를 바꾼 인식과 흥분의 '딱새' 이다.

인식과 알레고리의 어려운 주제를 제외한다 해도 이 시에는 아름다운 이미지들이 있다. 2연에서 화자는 딱새의 노동물인 "정원 구석의 남천과 라일락 삭정이"를 본다. 딱새가 하루종일 "정원에서 라일락까지" 길을 내지만 시인은 "자주달개비 꽃바람은 장난꾸러기처럼/그 길을 지웠으리라"는 인식을 한다. 시인자신을 딱새로 은유한 알레고리로 이 시를 해석해 보자. 김종윤 시인이 살고 있는 집(보금자리)도 시인이 생활의 노동을 통해 이룩한 결과물이다. 그러나 이 집도 언제인가는 비바람의 풍상에 의해 무너지는 시간 내 존재물임을 시인은 딱새의 사건을 통해 암시한다.

딱새가 시인이고 시인이 딱새라는 암시 때문에 이 시는 시인에게 일회적인 사건을 넘어선 특별한 사건이 되고 있다. 시간의 길이만 다를 뿐 중생은 모두 같은 운명의 수레바퀴를 굴리며 '존재자' 의 길을 간다.

무의식과 의식이 만나는 깊이

그녀의 더운 숨결이 벙글었다

오래 묵은 고백이 터진 것인데

동장군 코앞에서 열린 숨결이

날숨마다 서리꽃으로 피었다

언젠가,

그녀의 가슴에 내렸던 나의 두레박이

끝내 닿았던가

—「홍매화」 전문

김종윤 시인은 이 시를 통해 "홍매화"로 상징된 자신의 아니마anima를 드러낸다. 융의 아니마는 복잡한 깊이를 가진 심리적 실체이다. 인간의 마음은 의식과 전의식 개인무의식의 구조가 있고 그 아래에는 사고와 태도의 본능적 패턴을 결정하는 집단무의식이 있다. 융에 의하면 집단무의식 안에 있는 원초적인 이미지들은 의식의 사건으로는 불러올 수 없고 꿈이나 인간의 마음이 외부사물에 투사하는 이미지로만 볼 수 있다.

남자와 여자로 의인화된 상징적 형태를 통해 자신의 심리적 실체를 드러내는 아니마anima는 예술가에게는 중요한 동기와 힘이다. 예술가는 아니마의 자기현시가 아니면 예술작품을 창작할 수가 없다. 아니마의 형태와 패턴이 예술가의 작품의 스타일과 크기를 결정한다.

이 시에서 김종윤 시인은 "홍매화"에 투사된 마음속의 그녀를 본다. 현실적으로는 '첫사랑'이거나 마음속의 사랑이었을 심리적인 사건이 "그녀의 가슴에 내렸던 나의 두레박"이라는 표현에 암시되어 있다. 시인은 홍매화의 '더운 숨결'이 벙글어진 것을 "오래 묵은 고백이 터진 것"으로 표현한다. 홍매화는 시인의 아니마에 대한 나르시스이다. 사랑이란 나에 대한 사랑을 연인(사물의 대상)에 투사해서 보고 즐거워하는 심리적 놀이이기 때문이다.

집단무의식인 원형(archetype)은 인간의 외부현실에 영향을 주고 영향을 받는 무의식의 에너지로 살아있으며 예술가의 심리를 지배한다. 이 힘은 일반인에게는 꿈과 백일몽의 형태로 자신의 존재를 이미지로 현시한다. 시인은 이 존재의 목소리를 마음속으로 듣는 자이고 이미지와 은유와 상징의 언어로 적는 자이다. 시인은 시를 쓰지만 그가 의식적으로 하는 작업은 현실적인 표현이나 몇 가지 수단을 의지로 동원하는 일이다. 언어에 드러난 이미지들은 또 다른 이미지의 문을 열고 은유는 또 다른 은유의 문을 요구한다. 이 문들이 열리면서 길이 나타나고 시인은 무의식의 언어가 현시한 길을 걸어간다. 김종윤 시인이 걸어가는 길은 이글의 처음 시가 말하듯 다음과 같은 풍경의 길이다. '사랑을 한다는 것은/상처와 상처가 만나는 것,/우리는 모두/길 위에 있다' 는 인식의 길이다.

필자는 김종윤 시인의 시를 몇 편 드러내어 시인이 의식으로는 놓치고 있을 수도 있는 무의식의 배경을 드러내고자 시도했다. 시란 결국은 시인이 자신의 무의식을 들여다보고 '자기(self)-앎' 이라는 깨달음을 추구하는 시도의 일환이다. 이런 작업에는 철학과 종교도 있지만 예술에서는 좀 더 개인적인 차원의 의미가 간섭한다. 김종윤 시인이 자신만의 길을 걸어가큰 삶의 길에 이르기를 바란다. 이 해설이 그 길의 지형을 드러내는 동병상린의 길을 걷는 동료시인의 '밝은 눈' 이길 기대한다.

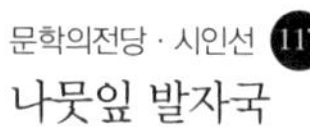

초판인쇄 2011년 8월 12일
초판발행 2011년 8월 17일

지 은 이 김종윤
펴 낸 이 김충규
펴 낸 곳 **문학의전당**
출판등록 제387-2003-00048호(2003년 9월 8일)

주　　소 121-718 서울시 마포구 공덕2동 404번지 풍림VIP빌딩 202호
전화번호 02-852-1977
팩시밀리 02-852-1978
블 로 그 http://blog.naver.com/mhjd2003
전자우편 mhjd2003@naver.com

I S B N 978-89-93481-99-0 03810